COLLECTION

DE M. HOCHART, PERCEPTEUR A LILLE.

CURIOSITÉS

IVOIRES, ÉMAUX

Boîtes et Tabatières, Miniatures

TABLEAUX ET DESSINS.

VENTE

Le mardi 10 novembre 1868 et jours suivants,

Rue Impériale, N° 97, à Lille.

Par le ministère de Mᵉ ÉMILE DRION,

Commissaire-priseur à Lille, rue du Palais, N° 9,

Assisté de M. FÉLIX HOURET, Expert à Lille

CATALOGUE

DE LA

COLLECTION D'OBJETS D'ART

CURIOSITÉS, IVOIRES, MINIATURES

ÉMAUX, BOITES, TABATIÈRES

TABLEAUX ET DESSINS

de M. HOCHART, décédé Percepteur à Lille,

Dont la vente, aux enchères publiques, aura lieu à Lille, au domicile du défunt, rue Impériale, N° 97, le mardi 10 novembre 1868 et jours suivants, de une heure à cinq heures de relevée.

Par le ministère de Mᶜ ÉMILE DRION,

Commissaire-priseur à Lille, y demeurant, rue du Palais, N° 9 ;

Assisté de M. FÉLIX HOURET, Expert à Lille.

Une Exposition aura lieu les samedi 7, dimanche 8 et lundi 9 novembre, de deux à cinq heures du soir, pour les personnes munies du présent catalogue.

Tout autre jour et à toute autre heure, l'entrée sera rigoureusement refusée.

Prix du Catalogue : 50 Centimes.

CONDITIONS DE LA VENTE.

La vente se fera payable comptant.

Les adjudicataires paieront dix pour cent en sus de leur prix, applicables aux frais.

L'exposition mettant le public à même de se rendre compte de l'état et de la nature des objets, il ne sera admis aucune réclamation une fois l'adjudication prononcée.

On recommande aux visiteurs toute la prudence possible pour qu'aucun objet ne soit endommagé, chacun étant responsable du dégât qu'il aurait occasionné.

ORDRE DES VACATIONS.

Chaque vacation comprendra environ le tiers des numéros composant chacune des séries du catalogue.

A l'ouverture de chaque vacation il sera vendu quantité d'objets divers que l'on n'a pas jugé utile de cataloguer.

La collection d'ivoires, boîtes, tabatières, miniatures, tableaux et dessins, composant le cabinet de
M. HOCHART, est depuis assez longtemps connue du
monde des amateurs pour que nous puissions nous
borner ici à une simple nomenclature des objets
rares et précieux qu'elle renferme.

Qu'il nous suffise de faire remarquer que, sans
être d'une importance hors ligne, cette collection se
recommande à l'attention des amateurs éclairés, *dans
les ivoires* : par plusieurs pièces capitales d'un travail
et d'une exécution remarquables; *dans les boîtes, miniatures, tableaux et dessins* : par bien des raretés dont
l'origine sera facilement reconnue par tous ceux qui
ont suivi les ventes importantes de curiosités qui se
sont faites, tant à Lille qu'à Paris, depuis une quin-
zaine d'années.

Une dernière observation que nous croyons utile
de placer ici c'est que : pour se conformer aux désirs
formellement exprimés par le défunt, aucun objet
composant cette collection ne sera distrait de la vente
aux enchères publiques.

Cette recommandation s'applique aussi à la rare
et magnifique bibliothèque de M. HOCHART, ainsi
qu'à sa riche collection de gravures et dessins, dont
les catalogues seront ultérieurement publiés et feront
connaître les jours de vente de ces dernières col-
lections.

E. DRION.

CATALOGUE.

Curiosités, Bronzes et Objets d'art.

1. Deux cocos sculptés. Sur l'un : une chasse et les vendanges ; sur l'autre : les adieux de Fontainebleau et le retour de l'île d'Elbe.

2. Un coquillage nacré et un œuf d'autruche.

3. Une petite garniture en Chine, trois potiches et deux cornets.

4. Un grand magot en pierre de lare ; le socle formé par un rocher.

5. Deux magots en pierre de lare. — Très-fins.

6. L'Arioste, le Tasse, Milton et Shakespeare ; quatre bustes en bronze montés sur piédouches en marbre.

7. Un sabre ancien avec manche en ivoire et lame damasquinée.

8. Bustes de Henri IV et Sully ; albâtre ancien sur piédouches en bronze et marbre.

9. Le cheval dompté; serre-papier en bronze, sujet
tiré des chevaux de Venise.

10. Le baptême du Christ; bas-relief sous glace dans
un cadre en bois noir.

11. Deux satyres en bronze, servant de brûle-par-
fums. — Très-beaux modèles.

Haut. 26 cent.

12. Apollon; statuette en bronze sur piédouche en
marbre.

Haut. 35 cent.

13. La leçon de danse; deux serre-papier formés par
deux grotesques en bronze, homme et femme.
– Moderne.

14. Un pot en grès flamand avec couvercle en étain;
sur la panse, diverses impressions à feu, au
col, mufle de lion.

15. Le départ et le retour; deux groupes en biscuit.

16. Un verre, forme calice, à couvercle; le pied et
le tour du verre à facettes et guirlandes
gravées.

17. La vierge tenant l'enfant Jésus dans ses bras;
statuette en buis.

Haut. 44 cent.

18. Un pot en faïence de *Delft*, camaïeu bleu, décor
de médaillons; le couvercle est endommagé.

19. Un grand verre, forme calice, avec couvercle, en
Bohème. Sur le tour : le triomphe de Bacchus;
le pied en spirale et à supports rebondis. —
Légère fêlure au couvercle.

Haut. 42 cent.

20. Deux petits cornets en faïence de *Delft*, camaïeu
　　bleu.

21. Un très-joli navire en bois sculpté, muni de tous
　　ses cordages, voiles et agrès.

22. Deux petits cornets en faïence de *Delft*, camaïeu
　　bleu, décor de fleurs.

23. Deux petites bouteilles en faïence de *Delft*, ca-
　　maïeu bleu.

24. Une grosse potiche et deux bouteilles en faïence
　　de *Delft*, camaïeu bleu, très-joli décor.

25. Une garniture de cinq pièces, composée de :
　　grande potiche, deux cornets et deux bou-
　　teilles en faïence de *Delft*, décor de fleurs et
　　guirlandes. — Quelques pièces sont légère-
　　ment endommagées

26. Une garniture de cinq pièces, composée de :
　　grosse potiche, deux bouteilles et deux cor-
　　nets en faïence de *Delft*, camaïeu bleu.

27. Une garniture de cinq pièces, comprenant :
　　grosse potiche, deux bouteilles et deux cor-
　　nets en faïence de *Delft*, très-fin et joli décor.
　　— Grand modèle.

28. La vierge tenant l'enfant Jésus sur son genou
　　droit; statuette en buis.　　Haut. 43 cent.

28 bis. Deux magnifiques vases en porcelaine de Sèvres.
　　— L'un d'eux est endommagé.

28 ter. Un écrin renfermant trois couverts en argent, à
　　filets, marqués aux chiffres de Leurs Majestés
　　Impériales.

Ivoires et Statuettes.

29. Jean-Jacques Rousseau, en pied, monté sur piédouche en bois noir.

H. 19 cent.

30. Une sainte famille, plaque en ivoire, dans un cadre bois noir à filets dorés.

31. Homme et femme accroupis, sur piédouches en ivoire.

32. Les gueux dansant; groupe d'homme et femme en ivoire.

33. Le fabuliste; statuette en ivoire sur pied en marbre.

34. Buste de Louis XIV, piédouche en ivoire.

35. Une femme accroupie, d'après *Téniers*.

36. Apollon et Diane; deux magnifiques statuettes en ivoire, piédouches en bois noir.

Haut. 10 cent.

37. L'amour; très-jolie petite statuette d'un grand fini de travail.

Haut. 9 cent.

38. Deux bustes en ivoire. — Un prince arménien et une princesse, piédouches en bois noir.

Haut. 15 cent.

39. Les quatre saisons; quatre statuettes en ivoire sur pieds en bois noir.

Haut. 14 cent.

40. Henri IV et Sully; deux magnifiques bustes en
ivoire. Signés : *Rosset père*. — Travail remarquable.
Haut. 7 cent.

41. Buste de Piccini, musicien italien.

42. Buste d'une vieille femme riant. — Composition
originale.
Haut. 16 cent.

43. Voltaire et Montesquieu; deux magnifiques
bustes en ivoire sur piédouches en marbre.—
Travail remarquable.
Haut. 8 cent.

44. Dieu le père tenant la boule du monde, et Dieu
le fils tenant sa croix; deux belles statuettes
en ivoire. — De la vente de l'abbé Dufouleur.
Haut. 16 cent.

45. Jeune fille jouant aux osselets; ivoire et bronze.
— Grande pièce.

46. Deux jolis petits vases Pompadour portant chacun
deux médaillons sur le milieu; seigneur et
dame de la cour, socles en bois noir, sertis
en ivoire.
Haut. 15 cent.

47. Deux statuettes en bois tendre et ivoire, le pâtre
David.
Haut. 21 cent.

48. Moïse sauvé des eaux et les deux pâtres, deux
petits ivoires.

49 La fuite en Égypte, la vierge et l'enfant Jésus
sur un âne; groupe en ivoire sur piédouche
en bois noir.

50. Un enfant nu, debout, les bras ouverts; ivoire

2

sur pied en ébène. — Provenant de la vente de M. Van der Helle. Haut. 17 cent.

51. Henri IV et Sully, deux bustes en ivoire de Grilly. Haut. 9 cent.

52. Pierrot et Colombine, personnages de la comédie italienne; deux très-belles statuettes en ivoire, homme et femme dansant, piédouches en ébène. Haut. 9 cent.

53. Petit amour tenant de la main gauche son arc, et de la main droite une flèche perçant un cœur. — Fort joli travail. Haut. 12 cent.

54. Molière et Bayle; deux bustes en ivoire. Signés: *Rosset père à St.-Claude.* Haut. 7 cent.

55. Le mendiant, d'après Callot; très-belle statuette en ivoire, remarquable de fini, piédouche en ivoire et écaille. Haut. 11 cent.

56. Voltaire, 1771; superbe buste en ivoire. Haut. 11 cent.

57. Groupe de trois femmes; travail italien monté sur un socle en ébène sculpté. Ce groupe a été sculpté dans un seul morceau d'ivoire. Haut. 16 cent.

58. Enfant nu, à cheval sur une tortue; travail très-original. — Provenant de la vente de M. Van der Helle.

59. Bacchus pressant une grappe de raisin dans une coupe; très-belle statuette en ivoire. Haut. 23 cent.

60. Diane de Poitiers; très-joli buste en ivoire sur piédouche en ébène. Haut. 15 cent.

61. La reine Hortense ; très beau buste en ivoire sur
piédouche en ébène.
Haut. 15 cent.

62. Une vierge les bras croisés sur la poitrine ;
statuette en ivoire, charmante de drapé.
Haut. 20 cent.

63. Deux satyres, homme et femme ; deux superbes
statuettes en ivoire d'un travail remarquable,
piédouches en ébène.
Haut. 16 cent.

64. Une femme sortant du bain ; très-belle statuette
d'un travail remarquable.
Haut. 24 cent.

65. L'amour triomphant ; jolie statuette en ivoire,
représentant un enfant nu, le pied sur son
carquois, tenant un cœur de la main droite.
Haut. 14 cent.

66. L'enfant et l'oiseau, jolie statuette en ivoire ;
composition originale.
Haut. 10 cent.

67. L'enfant aux raisins , très-jolie statuette représentant un enfant couronné de ceps de vigne
tenant avec peine des grappes de raisin qui
s'échappent de sa chemise retroussée. — Joli
sujet.
Haut. 16 cent.

68. Un turc tenant une pipe de la main droite ;
statuette en ivoire.
Haut. 16 cent.

69. Deux guerriers, dont l'un tient son sabre et
l'autre sonne de la trompette ; deux statuettes
en ivoire. — Jolies de détails.
Haut. 17 c .

70. L'enfant au poisson et l'enfant à l'oie; deux statuettes en ivoire montées sur piédouches en bois noir.

71. Les jeux de l'amour; deux bas-reliefs en ivoire dans des cadres dorés et sous glaces.

Haut. 7 cent., larg. 10 cent.

72. St.-Bruno; bas-relief en ivoire dans un cadre ovale.

73. Deux têtes d'enfants, d'après *Duquesnoy*.

Haut. 12 cent.

74. St.-Vincent-de-Paule, la main droite sur la poitrine, tenant un livre de la main gauche; statuette en ivoire, très-jolie de drapé.

Haut. 15 cent.

75. Sainte-Clotilde faisant l'aumône à un petit pauvre; statuette en ivoire, montée sur piédouche en bois noir.

Haut. 14 cent.

76. Sainte-Anne lisant; statuette en ivoire, très-jolie de drapé.

Haut. 11 cent.

77. Une immaculée conception; très-belle statuette en ivoire montée sur piédouche en bois noir. — Un doigt de la main gauche est cassé.

Haut. 22 cent.

78. La vierge aux anges; ivoire espagnol du XVIᵉ siècle, très-joli de composition. — Les cheveux sont peints et les yeux en émail.

Haut. 23 cent.

79. Saint-François de Salles lisant; statuette en ivoire.

Haut. 14 cent.

80. Blanche de Castille, régente de France, mère
de Saint-Louis (Louis IX); statuette en
ivoire, fort belle de détails.

Haut. 17 cent.

81. Saint-François d'Assise portant une croix:
statuette en ivoire sur pied en bois noir.

Haut. 15 cent.

82. La vierge, les deux mains sur la poitrine, écra-
sant la tête du serpent; jolie statuette en
ivoire, remarquable de drapé.

Haut. 16 cent.

83. Un pape et Saint-Paul; deux statuettes en
ivoire, formant pendant, montées sur piédouches en ivoire et ébène. — Vente de l'abbé
Dufouleur.

Haut. 18 cent.

84. Deux saints évangélisant, l'un tient un livre et
l'autre une croix; deux statuettes en ivoire,
montées sur pieds en bois doré. — Les yeux
sont en émail.

Haut. 20 cent.

85. La vierge tenant l'enfant Jésus monté sur un
globe étoilé; statuette en ivoire.

Haut. 24 cent.

86. Un abbé et une abbesse la crosse en main;
deux statuettes en ivoire sur pieds en ivoire
garni de cuivres dorés, style Louis XIV.

Haut. 20 cent.

87. Buste d'un seigneur de la cour; petit bas-relief
en ivoire, sur fond de velours, dans un cadre
en bois sculpté et doré.

88. L'Assomption; très-jolie statuette en ivoire fine-
ment fouillée, montée sur piédouche en forme
de dôme.

Haut. 22 cent.

89. Saint-Pierre et Saint-Paul; deux statuettes en
ivoire, formant pendants.

Haut. 14 cent.

90. Les joueurs de cartes; petit bas-relief en ivoire,
d'après *Teniers*.

Larg. 12 cent. Haut. 8 cent.

91. Vénus de Médicis; grande pièce en ivoire; à ses
pieds, le dauphin, sculpté en ébène. — Pièce
capitale.

Haut. 38 cent.

92. Groupe des trois grâces; *pièce capitale méritant
l'attention des amateurs.* — Sujet sculpté
dans un seul morceau d'ivoire.

Haut. 20 cent.

93. Un très-beau vidrecome monté sur bois noir.
Sur le tour : des cavaliers combattant à l'épée
et au pistolet; sur le dessus : un enfant jouant
de la guitare.

94. Un magnifique christ en ivoire. Signé : *Leroy*.
*Pièce capitale recommandée à l'attention
des amateurs;* cadre doré, fonds de velours.
— Il est rare de rencontrer un christ de cette
grandeur et d'une aussi belle conservation.

Haut. 41 cent.

Boîtes et Tabatières.

95. Une tabatière formée par une carapace de tortue;
monture en argent et vermeil à l'intérieur.

96. Une boîte en ébène renfermant une médaille
en bronze: portraits de Monthyon et de Fran-
klin.

97. Une petite boîte carrée en émail sur cuivre :
décor de personnages et de fleurs.

98. Une boîte carrée en marbre avec mosaïque sur
le couvercle.

99. Boîte oblongue, émail bleu décoré d'or en relief,
avec médaillons de marines. — Vente de
M. Van der Helle.

100. Une grande boîte carrée en émail sur cuivre;
paysages et personnages.

101. Une boîte ovale, émail sur porcelaine : sur le
couvercle, à l'intérieur et sur le tour, se
trouvent divers sujets badins, genre *Watteau*.

102. Une tabatière en écaille étoilée d'or : sur le couvercle, miniatures d'homme et de femme
dans des cercles dorés.

103. Une tabatière ronde en écaille ; sur le couvercle, une miniature représentant le général Marceau , dans le fond, une bataille (Fleurus).

104. Une petite boîte ronde en ivoire doublé d'écaille, garniture en or.

105. Une petite boîte ronde en ivoire : sur le couvercle : portrait d'une jeune fille , genre de *Greuze*. — Très-jolie miniature.

106. Une tabatière en émail ; sur le couvercle : berger jouant de la musette et sa bergère ; sur le tour, sujets divers ; à l'intérieur, portrait de femme. — Intacte.

107. Une tabatière ronde en écaille étoilée d'or, monture en argent doré ; sur le couvercle : le réveil de Vénus , miniature en grisaille. signée *W. de Gault*.

108. Une tabatière , forme coquille, émail sur cuivre, monture en argent ; sur le couvercle : une scène flamande ; à l'intérieur, les forges de Vulcain ; sur le tour, sujets mythologiques.

109. Une boîte carrée en bois de thuya doublé d'é-caille ; sur le couvercle : une marine.

110. Six médailles et monnaies en argent , de divers règnes, renfermées dans une boîte en écaille.

111. Une boîte ovale en émail de Saxe rehaussé d'or ; sur le couvercle, une charmante miniature, scène d'intérieur ; sur le tour, paysages et scènes pastorales.

112. Une boîte ovale à double couvercle et à double fond, émail sur cuivre, monture en argent; sur le tour et le couvercle, diverses scènes mythologiques; à l'intérieur, grisailles.

113. Une boîte carrée en émail sur cuivre; sur le couvercle, scène pastorale, et sur le tour, paysages.

114. Une petite boîte carrée, émail sur cuivre; miniatures genre *Watteau*; sur le tour, marine et paysages.

115. Une tabatière ronde, forme bonbonnière, en émail moderne, monture et intérieur en argent doré; sujets *Watteau*, scènes galantes.

116. Une petite boîte carrée en émail de Saxe rehaussé d'or; sur le couvercle, les pêcheurs; sur le tour, médaillons de fleurs.

117. Une boîte carrée en émail sur cuivre; sur le couvercle, scène galante, genre *Watteau*; sur les côtés, bouquets de fleurs.

118. Une tabatière ronde en écaille; sur le couvercle, une très-jolie miniature, portrait de jeune fille.

119. Une boîte carrée en émail gauffré de Saxe; sur le couvercle et sur les côtés, bouquets de fleurs; à l'intérieur, scène galante — *Watteau*.

120. Une bonbonnière en ivoire sculpté; sur le couvercle, l'âne rebelle; sur le tour, scènes pastorales.

121. Belle boîte en émail ancien, à vignettes et personnages, riche décor rehaussé d'or. — Vente de M. Van der Helle.

122. Une petite boîte en ivoire avec portrait de femme en émail; époque Louis XV.

123. Une tabatière ronde en écaille; sur le couvercle, portrait de Marie Stuart.— Belle miniature.

124. Une boîte carrée en émail sur cuivre : sur le couvercle, arlequinade genre *Watteau*; sur les côtés et dans le fond, diverses petites scènes badines.

125. Une boîte octogone en racines de buis doublé d'écaille ; sur le couvercle, portrait d'enfant. Miniature.

126. Une tabatière en forme de coquille, monture en argent, émail sur cuivre ; sur le couvercle, le triomphe de Junon ; à l'intérieur et sur le tour, scènes mythologiques.

127. Une petite boîte en porcelaine garnie en argent; décor de fleurs, sur une face est écrit : *De votre regard dépend ma destinée.*

128. Une boîte octogone en bois tendre sculpté ; sur une face, scène biblique; sur l'autre, une allégorie.

129. Cuiller-fourchette en argent, style Renaissance; à l'extrémité une petite vierge, ciselure sur le manche. — Le tout renfermé dans un étui du temps.

130. Une tabatière ronde en écaille ; sur le couvercle, la toilette de l'amour. — Miniature en grisaille, Louis XVI.

131. Une boîte ronde en écaille ; sur le couvercle, une chasse : au côté opposé, une marine de *Vernet.* — Provient de la vente de M. Tancé.

132. Une boîte carrée en émail de Saxe : guirlandes de feuillages et médaillons.

133. Une boîte ronde en racine doublée d'écaille ; sur le couvercle, la délivrance d'Andromède. — Charmante miniature.

134. Une boîte ronde en ivoire doublé d'écaille ; sur le couvercle, les jeux de l'enfance, miniature en grisaille ; sur l'autre face, portrait de femme du premier Empire. — Miniature très-fine.

135. Une boîte à mouches en écaille, avec incrustations en argent ; sur le couvercle, l'amour jardinier ; sur le devant, armoiries et blason. — Époque Louis XIV. — Objet rare.

Miniatures.

136. L'enlèvement, miniature sur ivoire.

137. Portrait de femme, miniature dans un cercle en cuivre ciselé, renfermé dans un écrin en chagrin.

138. Portrait de femme, miniature sur ivoire, signé : *Fiocchi*, 1856; cadre en bois et cercle en cuivre ciselé.

139. Scène mythologique, miniature grisaille de *Sauvage*.

140. Les baigneuses, charmante miniature sur ivoire, de *Charlier;* cadre ovale en cuivre ciselé, avec nœud de ruban en fronton.

141. L'amour triomphant de la force ; très-belle miniature de *Guérin;* cadre en cuivre.

142. Portrait de dame hongroise, miniature sur parchemin.

143. Henriette de France, fille de Henri IV, femme de Charles Ier; miniature cadre ébène. — Provenant de la vente Van der Helle.

Ce numéro pourra être réuni au suivant.

144 Henriette d'Angleterre, femme de Monsieur, duc d'Orléans, frère de Louis XIV; miniature, pendant du précédent. —(Provenant de la vente Van der Helles.)

145. Deux portraits de femme, miniatures sur ivoire;
cadres bois noir et doré.

146. Deux miniatures en grisaille, de *Sauvage;*
les sacrifices de l'amour, formant pendants.

147. Deux petites gravures; portraits d'homme et de
femme, Empire, cadre ébène, cercle doré.

148. La leçon de musique; miniature **sur** parchemin, cadre ébène.

149. La vierge à l'enfant; miniature dans un cadre
octogone en écaille avec incrustations en
nacre.

150. Portrait d'homme; miniature à l'huile, cadre
en cuivre ciselé avec nœud de ruban en
fronton.

151. Portrait de femme espagnole ; miniature à
l'huile dans un cadre en cuivre doré.

152. Portrait de femme; miniature sur velin.

153. Deux petites miniatures sur velin; seigneur et
dame de la cour, Renaissance; cadres en
cuivre doré surmontés d'une couronne du-
cale.

154. Les jeux de l'amour; miniature sur ivoire.

155. Deux miniatures à l'huile; portraits de seigneur et de dame espagnols, **de** *Gonzalez,*
1629 et 1630.

156. Deux portraits d'enfants ; jeune garçon et jeune fille réunis dans un cadre en bois sculpté. *Gonzalez*, 1634.

157. Une grande miniature sur parchemin ; l'Annonciation.

158. Les enfants musiciens ; petite miniature dans un cadre en cuivre doré.

159. Portrait de femme ; miniature sur ivoire dans un cadre ovale en cuivre ciselé, avec nœud de rubans en fronton (Louis XVI).

160. L'offrande à Cupidon ; petite miniature dans un cadre en bois noir.

161. Portrait de femme en riche costume, dans un cadre ovale serti dans un cercle rubanné formant nœud au fronton.

162. Portrait de femme ; miniature de *Fiocchi*, de l'école italienne, cadre ovale en cuivre

163. Portrait de femme du temps de Louis XV ; cadre en ébène serti en cuivre doré.

164. Portrait de madame Du Châtelet ; miniature dans un cadre en cuivre doré.

165. Portrait de femme en costume de l'Empire ; miniature dans un cadre en bois noir.

166. Portrait de femme assise, tenant un bouquet de fleurs ; miniature dans un cadre en bois noir.

Tableaux et Dessins.

167. La dentellière et la couseuse ; deux petits tableaux formant pendants. Signés : H. D.

168. Le fumeur, guerrier en costume Louis XIII examinant un perroquet dans sa cage. Signé : *S. Gesa*, 1866. — Exposition des Beaux-Arts de Lille.

169. Le baiser. — Tableau sur toile, de l'école espagnole,

170. La leçon de musique et la leçon de danse ; deux petits tableaux formant pendants.

171. Une marine moderne ; pêcheurs au retour.

172. Le départ et l'arrivée ; deux marines formant pendants, peintures sur bois.

173. La conversation et la promenade ; deux tableaux sur bois, copies de *Lancret*.

174. Les amours aux fleurs et les amours à l'oiseau ; deux charmants dessins, cadres ovales en bois doré avec nœuds de rubans en fronton.

175. Une rue dans un village ; peinture sur toile signée : *L. de Cappio*, 1865, cadre en bois sculpté et doré.

176. Le vieillard entreprenant; très-beau dessin à la sépia, signé : *J. J. Grandville*.

177. Une marine et paysage; deux petits tableaux sur bois.

178. La naissance de Vénus; magnifique dessin à la plume, de Mlle *Ridderbosch*.

179. L'inconduite; tableau sur toile.

180. Port de mer, débarquement et la pêche à la sardine; deux tableaux sur bois de *Jules Van Inschoot*, 54.

181. Le bénédicité, scène d'intérieur flamand; dessin à la plume, de Mlle *Ridderbosch*.

182. Buste de femme de l'Empire; dessin au crayon noir.

183. La leçon de musique et l'échange des serments; deux jolis dessins coloriés, cadres dorés.

184. La laitière; jolie peinture sur bois de l'école flamande.

185. La chasse au renard; dessin à la plume, de *Charles Hagenbeck*, de Gand.

186. Les animaux domestiques; peinture sur toile.

187. Le buveur flamand; très-beau dessin de Mlle *Ridderbosch*, 1802, cadre en bois doré avec nœud de ruban en fronton.

188. L'enfant à l'oiseau et l'enfant au chat; deux charmants tableaux sur bois de *Eislen le vieux*.

189. Le baiser dérobé ; peinture sur bois de *L. Watteau*.

190. La femme en prières et le liseur ; deux dessins à la plume de *Overlaet*, d'Anvers.

191. Cavalier cherchant sa route , peinture sur bois. — (Vente Méert).

192. Vaches et moutons ; peinture sur bois de *Eugène Verboekove*.

193. L'amour aux roses ; joli dessin à la plume, de Melle *Ridderbosch*, 1805.

194. Les jeunes oiseleurs et les jeunes pêcheurs ; deux peintures sur toile.

195. Deux bustes de femme , dessins de Mlle. *Ridderbosch;* cadres en bois noir

196. Paysages et animaux ; deux petits tableaux sur bois, formant pendants.

197. Une fête champêtre, grande scène flamande dessinée à la plume par *Overlaet*, d'Anvers.

198. L'enfant endormi et l'enfant jouant aux bulles de savon ; deux très-jolies peintures sur cuivre de *Rottenhammer*.

199. Polyphème et Galathée , — délivrance d'Andromède; deux tableaux camaïeu rouge par *Boucher*. — (Vente Méert).

200. Deux dessins au crayon rouge : les enfants boudeurs.

201. La peinture et la statuaire; deux dessins de
Melle *Ridderbosch*. — (Vente Van der Helle).

202. Intérieur de ferme et le cheval improvisé; deux
tableaux sur bois de *L. Watteau*.

203. Le pêcheur à la ligne et scène pastorale; deux
jolies et fines peintures sur cuivre, attri-
buées à *Watteau*, de Valenciennes.

NOTA.

Aucun objet étranger à cette collection ne sera mis en vente
dans le cours de ces vacations.

Lille, L. Danel.

ville le 26 9bre 1868

Monsieur,

J'ai l'honneur de vous faire remettre
un catalogue de la Vente de Mr
Hochart, vous priant de m'excuser
si vous n'en avez point reçu plus
tôt.

En effet, j'ai moi même endossé
à l'adresse ci-après :

Mr Quecq d'henripret
proprietaire
à Lille

un catalogue de la vente Hochart,
il y a environ 15 jours, (avec tous
les amateurs de Lille); il y a donc
ou négligence de la part de la poste,
ou adresse incomplète de ma part.

Je m'empresse de réparer l'une
ou l'autre de ces erreurs.

Et vous prie de recevoir mes
salutations empressées

Monsieur Grecy d'Heurtpret

31 rue St André 31

www.ingramcontent.com/pod-product-compliance
Ingram Content Group UK Ltd.
Pitfield, Milton Keynes, MK11 3LW, UK
UKHW031723170726
13836UKWH00001B/402